Als Hilde Domin 1959 diesen, ihren ersten Gedichtband veröffentlichte, schrieb Walter Jens: »Der Höhepunkt des Apokryphen ist überwunden, man schreibt wieder Gedichte, die klar und präzise, einfach und vollkommen sind ... Man nimmt zur Kenntnis, man konstatiert und beschwört, man stammelt nicht mehr und man schreit nicht.« Und so ist Hilde Domins Lyrik: beispielhaft in Rhythmus und Struktur. Äußerer wie innerer Erlebniswelt entlehnt sie ihre Themen und verschlüsselt sie leicht in klangstarken Metaphern; sie erkennt und benennt die brennenden Fragen der Zeit. Sie macht ihre Leser zu Partnern. »Es kommen keine nach uns, / die es erzählen werden, / keine, die was wir / ungetan ließen / in die Hand nehmen und zu Ende tun.«

Hilde Domin, 1909 in Köln geboren, studierte Jura, Philosophie und politische Wissenschaft, promovierte 1935 über Staatsgeschichte der Renaissance (Univ. Florenz). Danach Lehrerin in England, Universitätsdozentin in Santo Domingo. Mitarbeiterin ihres Mannes, Erwin Walter Palm, Übersetzerin, Photographin. Nach 22jährigem Exil kehrte sie nach Deutschland zurück und lebt seit 1961 in Heidelberg. 1951 schrieb sie die ersten Gedichte, veröffentlicht seit 1957 und wurde durch zahlreiche Literaturpreise geehrt. Ihre Gedichte wurden in 22 Sprachen übersetzt.

Lesungen, Vorträge, Diskussionen an Universitäten und in literarischen Gesellschaften des In- und Auslandes. Ehrengast der Villa Massimo 1986. Poetikdozentur der Universität Frankfurt am Main 1987/88 und der Universität Mainz 1988/89. Mitglied des PEN, der Deutschen Akademie für Sprache und Dichtung, Ehrenmitglied der Heinrich-Heine-Gesellschaft, Düsseldorf, der American Association of Teachers of German, der Akademie gemeinnütziger Wissenschaften zu Erfurt. – Preise u. a. Ida-Dehmel-Literatur-Preis, 1968; Meersburger Droste-Preis, 1971; Rainer-Maria-Rilke-Preis für Lyrik, 1976; Nelly-Sachs-Preis der Stadt Dortmund, 1983; Carl-Zuckmayer-Medaille Mainz, 1992; Friedrich-Hölderlin-Preis der Stadt Bad Homburg vor der Höhe, 1992; Preis für Literatur im Exil der Stadt Heidelberg, 1992; Großes Bundesverdienstkreuz, 1993; Literaturpreis der Konrad-Adenauer-Stiftung, 1995; Jakob-Wassermann-Preis der Stadt Fürth, 1999; Staatspreis des Landes Nordrhein-Westfalen, 1999; die Bürgermedaille der Stadt Heidelberg, 1999; Ehrenbürgerrecht der Stadt Heidelberg 2004. Hilde Domin starb am 22. Februar 2006.

Weitere Informationen finden Sie auf www.fischerverlage.de

Hilde Domin
NUR EINE ROSE ALS STÜTZE

Gedichte

FISCHER Taschenbuch

20. Auflage 2025

Erschienen bei FISCHER Taschenbuch
Frankfurt am Main, September 1994

© S. Fischer Verlag GmbH, Frankfurt am Main 1959
Alle Rechte liegen beim
S. Fischer Verlag GmbH, Frankfurt am Main
Die Nutzung unserer Werke für Text- und Data-Mining
im Sinne von §44 b UrhG behalten wir uns explizit vor.
Gesamtherstellung: CPI books GmbH, Leck
ISBN 978-3-596-12207-3

Kontaktadresse nach EU-Produktsicherheitsverordnung:
produktsicherheit@fischerverlage.de

AUFBRUCH OHNE GEWICHT

> Dando voy pasos perdidos
> por tierra, que todo es aire.
> *Lope de Vega*

I

Ziehende Landschaft

Man muß weggehen können
und doch sein wie ein Baum:
als bliebe die Wurzel im Boden,
als zöge die Landschaft und wir ständen fest.
Man muß den Atem anhalten,
bis der Wind nachläßt
und die fremde Luft um uns zu kreisen beginnt,
bis das Spiel von Licht und Schatten,
von Grün und Blau,
die alten Muster zeigt
und wir zuhause sind,
wo es auch sei,
und niedersitzen können und uns anlehnen,
als sei es an das Grab
unserer Mutter.

Apfelbaum und Olive

Ein Trost ist, zu wissen
wo die Tassen stehn und die Teller
in dem Haus, in dem du zu Gast bist,
und einen Anteil zu haben
an der Zärtlichkeit von Katze und Hund
deines Freunds,
und die Tücke des Fahrrads zu kennen
als sei es dein eignes,
auf dem du mit der verblichenen Tasche
in das fremde Dorf fahren darfst,
und die Milch auf dem Weg zu verschütten
als habest du selbst
den Deckel der alten Kanne
vor Jahren
auf diesem Wege verloren.
Du gehst durch das Gartentor
und machst es hinter dir zu,
als stehe die Bank
für dich vor dem Haus,
und siehst die Andern draußen vorbeigehn,
du,
der Wandrer
von Tag zu Tag
und von Land zu Land,
an dem das Wort
von der Flüchtigkeit
allen Hierseins
Fleisch ward.
Du, den jede Wand
aufgibt,
und den es oft nach des Zirkuskinds
fahrbarer Höhle verlangt.

Zwar, der Apfelbaum und die Olive
sind überall dein,
und in fernen Ländern
schiebt man dir einen Stuhl an den Tisch
an der Seite der Hausfrau,
und jedes gibt dir von seinem Teller
wenn die Schüssel schon leer ist,
als habe ein Kind sich verspätet,
nicht als kämest du eben vom Flugplatz.
Und die dunkeln Mangobäume
und die Kastanien
wachsen Seite bei Seite
in deinem Herzen.

Du weißt, wie die hohen Gräser
an den Rändern der Inseln rascheln
in allen südlichen Meeren,
wie staubig die Kaktuswege sind,
und du gehst durch die schaumigen Wiesen und kennst
ihren bunten Kalender.
Du spielst mit dem Wind
und bläst die hellen Kugeln
des Löwenzahns in die Luft
und siehst dem Schweben
der kleinen weißen Schirme mit zu
— so leicht, so widerstandslos vor dem Wehn
wie du selbst.
Irgendwo
dürfen sie landen.

Dann fährst du die Straße hinab
als glittest du auf einem Schlitten
an den Pappeln vorbei
in die Abendsonne.
Ein Reh tritt aus dem Wald,
und eine kleine Kirche auf einem Hügel
mit einem einsamen Kirchhof
winkt dir zu.
Du wägst ihren Gruß
wie eine Einladung,
die man eines Tages
– noch ungewiß, wann –
vielleicht gerne
annehmen möchte.

Und daran erkennst du,
daß du
hier ein wenig mehr
als an andern Stätten
zuhaus bist.

Herbstzeitlosen

Für uns, denen der Pfosten der Tür verbrannt ist,
an dem die Jahre der Kindheit
Zentimeter für Zentimeter
eingetragen waren.

Die wir keinen Baum
in unseren Garten pflanzten,
um den Stuhl
in seinen wachsenden Schatten zu stellen.

Die wir am Hügel niedersitzen,
als seien wir zu Hirten bestellt
der Wolkenschafe, die auf der blauen
Weide über den Ulmen dahinziehn.

Für uns, die stets unterwegs sind
– lebenslängliche Reise,
wie zwischen Planeten –
nach einem neuen Beginn.

Für uns
stehen die Herbstzeitlosen auf
in den braunen Wiesen des Sommers,
und der Wald füllt sich
mit Brombeeren und Hagebutten –

Damit wir in den Spiegel sehen
und es lernen
unser Gesicht zu lesen,
in dem die Ankunft
sich langsam entblößt.

Gleichgewicht

Wir gehen
jeder für sich
den schmalen Weg
über den Köpfen der Toten
– fast ohne Angst –
im Takt unsres Herzens,
als seien wir beschützt,
solange die Liebe
nicht aussetzt.

So gehen wir
zwischen Schmetterlingen und Vögeln
in staunendem Gleichgewicht
zu einem Morgen von Baumwipfeln
– grün, gold und blau –
und zu dem Erwachen
der geliebten Augen.

Rückzug

Meine Rechte (wer glaubt es ihr heut?)
war einstmals eine offene Rose
voller Schmetterlinge.
Plötzlich, fast ohne Vorbereitung,
wie einer gestoßen wird und fällt,
hat sie ihre Blätter verloren
und war blaß und nackt:
eine Menschenhand
wie alle andern.
Du erinnerst dich.
Die Schale meiner Linken,
die deine Vögel tränkte,
zerbrach.
Du weißt, wie lange die Scherben
in unserem Garten lagen.
Es ist wahr, ich konnte mich damals
in eine Wand von blühendem Wein verwandeln
für deine Bienen.
Die Jahreszeit war
kaum von Bedeutung –
vor diesem Tag,
an dem ich meine Hände
auf den Tisch legte,
und sie leer waren.

Seither bin ich bescheiden geworden,
ich gehe mit einem Netz auf den Markt,
wo gewogen und abgeschnitten wird,
und habe dir Tassen und Teller gekauft
wie eine richtige Hausfrau.

Aber wenn du weinst
und dich hilflos
im Schlafe beklagst,
dann wachsen meinem Herzen
kleine schmerzende Flügel,
und ich fühle seine Ungeduld
in meinem Hals,
daß mir der Atem vergeht.

II

für E.

Wo steht unser Mandelbaum

Ich liege
in deinen Armen, Liebster,
wie der Mandelkern in der Mandel.
Sag mir: wo steht
unser Mandelbaum?

Ich liege in deinen Armen
wie in einem Schiff,
ohne Route noch Hafen,
aber mit Delphinen am Bug.

Unter unserem Rücken
ein Band von Betten,
unsere Betten in den vielen Ländern,
im Nirgendwo der Nacht,
wenn rings ein fremdes Zimmer versinkt.

Wohin wir kamen
– wohin wir kommen, Liebster,
alles ist anders,
alles ist gleich.

Überall wird das Heu
auf andere Weise geschichtet
zum Trocknen
unter der gleichen
Sonne.

Aufbruch ohne Gewicht

Weiße Gardinen, leuchtende Segel
an meinem Fenster
am Hudson,
im zehnten Stock des Hotels
hell in die Sonne gebläht und knatternd im Meerwind.

Versprechen, Ausfahrt
nachhause,
zum Stelldichein mit mir selbst.
Aufbruch ohne Gewicht,
wenn das Herz den Körper verbrannt hat.

Segel so möwenleicht
über das offene Blau.
Das Zimmer ist unterwegs.
Aber das Meer
ist abgesteckt wie ein Acker.

Bau mir ein Haus

Der Wind kommt.

Der Wind, der die Blumen kämmt
und die Blüten zu Schmetterlingen macht,
der Tauben steigen läßt aus altem Papier
in den Schluchten Manhattans
himmelwärts, bis in den zehnten Stock,
und die Zugvögel an den Türmen
der Wolkenkratzer zerschellt.

Der Wind kommt, der salzige Wind,
der uns übers Meer treibt
und uns an einen Strand wirft
wie Quallen,
die wieder hinausgeschwemmt werden.
Der Wind kommt.
Halte mich fest.

*

Ach, mein heller Körper aus Sand,
nach dem ewigen Bilde geformt, nur
aus Sand.
Der Wind kommt
und nimmt einen Finger mit,
das Wasser kommt
und macht Rillen auf mir.
Aber der Wind
legt das Herz frei
– den zwitschernden roten Vogel
hinter den Rippen –

und brennt mir die Herzhaut
mit seinem Salpeteratem.
Ach, mein Körper aus Sand!
Halte mich fest,
halte
meinen Körper aus Sand.

                    *

Laß uns landeinwärts gehn,
wo die kleinen Kräuter die Erde verankern.
Ich will einen festen Boden,
grün, aus Wurzeln geknotet
wie eine Matte.
Zersäge den Baum,
nimm Steine
und bau mir ein Haus.

Ein kleines Haus
mit einer weißen Wand
für die Abendsonne
und einem Brunnen für den Mond
zum Spiegeln,
damit er sich nicht,
wie auf dem Meere,
verliert.
Ein Haus
neben einem Apfelbaum
oder einem Ölbaum,
an dem der Wind
vorbeigeht
wie ein Jäger, dessen Jagd
uns
nicht gilt.

Wie wenig nütze ich bin

Wie wenig nütze ich bin,
ich hebe den Finger und hinterlasse
nicht den kleinsten Strich
in der Luft.

Die Zeit verwischt mein Gesicht,
sie hat schon begonnen.
Hinter meinen Schritten im Staub
wäscht Regen die Straße blank
wie eine Hausfrau.

Ich war hier.
Ich gehe vorüber
ohne Spur.
Die Ulmen am Weg
winken mir zu wie ich komme,
grün blau goldener Gruß,
und vergessen mich,
eh ich vorbei bin.

Ich gehe vorüber –
aber ich lasse vielleicht
den kleinen Ton meiner Stimme,
mein Lachen und meine Tränen
und auch den Gruß der Bäume im Abend
auf einem Stückchen Papier.

Und im Vorbeigehn,
ganz absichtslos,
zünde ich die ein oder andere
Laterne an
in den Herzen am Wegrand.

Vorsichtige Hoffnung

Weiße Tauben
im Blau
verbrannter Fensterhöhlen,
werden die Kriege für euch geführt?

Weiße Taubenschnur
durch die leeren Fenster
über die Breitengrade hinweg.
Wie Rosensträucher auf Gräbern
achtlos nehmt ihr das Unsre.
Auf den mit Tränen gewaschenen Stein
setzt ihr das kleine Nest.

Wir bauen neue Häuser,
Tauben,
die Schnäbel der Krane ragen
über unseren Städten,
eiserne Störche, die Nester für Menschen richten.
Wir bauen Häuser
mit Wänden aus Zement und Glas
an denen euer rosa Fuß
nicht haftet.
Wir räumen die Ruinen ab
und vergessen die äußerste Stunde
im toten Auge der Uhr.
Tauben, wir bauen für euch:
ihr werdet
in den glatten Wänden nisten,
ihr werdet
durch unsere Fenster fliegen
ins Blau.

Und vielleicht sind dann ein paar Kinder da
– und das wäre sehr viel –,
die unter euch
in den Ruinen
unserer neuen Häuser,
der Häuser, die wir mit den hohen Kranen
den Tag und die Nacht durch bauen,
Verstecken spielen.

Und das wäre sehr viel.

Abschied aus Andalusien
                      für Bernabé und Quinin

Der Ginster stand voll silberner Schoten,
der Lavendel war abgeglüht,
und die Bauern ritten auf kleinen Eseln
hinauf, in ihre weißen Dörfer.
Mit schweren Eutern wurden die Ziegen
in die Gehöfte geführt.

Da stand ein Stein,
ein grauer Stein,
auf einem Hügel im Feld.
»Lieber Stein«, sagte ich,
»nimm mich an,
als seist du ein kleiner niedriger Stuhl
vor einem Herdfeuer
an dem ein Topf Milch steht.
Bei dir will ich bleiben.

Ich will auspacken,
und wie ein Kind
seine Taschen umdreht
und seine Murmeln
und einen zerdrückten Maikäfer
auf dem Boden ausbreitet,
will ich das Meine um dich legen.«

Und alle meine Gegenstände,
so viele unnütze Gegenstände,
lagen auf dem Feld
und warfen lange Schatten
in der Abendsonne.

Weiter unten am Weg
glühten drei rote Mohnblumen
bei einem Ölbaum.

Ich legte meinen Kopf
auf die Schreibmaschine
und sah in den Himmel,
und die eiligen Schwalben
wie Weberschiffchen
woben mir ein Dach,
ein durchsichtiges Dach
aus Bahnen von hellblauem Nichts
über meinem Kopf.

Aber wie die Nacht kam
mit ihrem Krötenorchester
– der Feigenbaum im Tal
war längst in grünen Halmen ertrunken –
gab mir der Stein
eine kleine gelbe Margerite
als Hausschlüssel.

Damit schloß ich den Hügel auf,
den nächsten
der vielen spitzen Hügel am Meer,
und ging hinein
und hatte eine Wohnung
bei den Wurzeln
der Blumen.

Die Heiligen

Die Heiligen in den Kapellen
wollen begraben werden, ganz nackt,
in Särgen aus Kistenholz
und wo niemand sie findet:
in einem Weizenfeld
oder bei einem Apfelbaum
dem sie blühen helfen
als ein Krumen Erde.
Die reichen Gewänder, das Gold und die Perlen,
alle Geschenke der fordernden Geber,
lassen sie in den Sakristeien,
das Los, das verlieren wird, unter dem Sockel.
Sie wollen ihre Schädel und Finger einsammeln
und aus den Glaskästen nehmen
und sie von den Papierrosen ohne Herbst
und den gefaßten Steinen
zu den welken Blumenblättern bringen
und zu den Kieseln am Fluß.

Sie verstehen zu leiden,
das haben sie bewiesen.
Sie haben für einen Augenblick
ihr eigenes Schwergewicht überwunden.
Das Leid trieb sie hoch,
als ihr Herz den Körper verzehrte.
Sie stiegen wie Ballons, federleicht,
und lagen in der Schwebe
auf ihrem wehen Atem
als sei er eine Pritsche.
Deshalb lächeln sie jetzt,
wenn sie an Feiertagen

auf schweren geschmückten Podesten
auf den Schultern von achtzig Gläubigen
(denen man das Brot zur Stärkung voranträgt)
in Baumhöhe durch die Straßen ziehn.

Doch sie sind müde
auf den Podesten zu stehn
und uns anzuhören.
Sie sind wund vom Willen zu helfen,
wund, Rammbock vor dem Beter zu sein,
der erschrickt
wenn das Gebet ihm gewährt wird,
weil Annehmen
so viel schwerer ist als Bitten
und weil jeder die Gabe nur sieht
die auf dem erwarteten Teller gereicht wird.
Weil jeder doch immer von Neuem
in den eigenen Schatten tritt,
der ihn schmerzt.
Sie sehen den unsichtbaren Kreis
um den Ziehbrunnen,
in dem wir uns drehn
wie in einem Gefängnis.
Jeder will den Quell
in dem eigenen Grundstück,
keiner mag in den Wald gehn.
Der Bruder wird nie
das Feuer wie Abel richten
und doch immer gekränkt sein.

Sie sehen uns wieder und wieder
aneinander vorbeigehn
die Minute versäumend.
Wir halten die Augen gesenkt.

Wir hören den Ruf,
aber wir heben sie nicht.
Erst danach.
Es macht müde zu sehn
wie wir uns umdrehn
und weinen.
Immer wieder
uns umdrehn und weinen.
Und die Bitten zu hören
um das gestern Gewährte.
Nachts wenn wir nicht schlafen können
in den Betten, in die wir uns legen.
Sie sind müde
Vikare des Unmöglichen auf Erden
zu sein, des gestern Möglichen.
Sie möchten Brennholz
in einem Herdfeuer sein
und die Milch der Kinder wärmen,
wie der silberne Stamm einer Ulme.

Sie sind müde, aber sie bleiben,
der Kinder wegen.
Sie behalten den goldenen Reif auf dem Kopf,
den goldenen Reif,
der wichtiger ist als die Milch.
Denn wir essen Brot,
aber wir leben von Glanz.
Wenn die Lichter angehn
vor dem Gold,
zerlaufen die Herzen der Kinder
und beginnen zu leuchten
vor den Altären.
Und darum gehen sie nicht:
damit es eine Tür gibt,

eine schwere Tür
für Kinderhände,
hinter der das Wunder
angefaßt werden kann.

Ich lade dich ein

Liebster, ich lade dich ein,
komm in das Haus unsrer Wünsche
und häng deinen Hut an die Wand,
den Hut mit dem kleinen Schußloch.
Denn ich habe das Haus
ganz nach deinem Befehle gebaut.
Es ist alles darin, was wir brauchen.
Der blaue Himmel der Tropen,
die leichte Luft von Madrid,
doch ohne den lästigen Wind, der
dir die Papiere zerzaust.
Die Zimmer sind im gobelinweichen Grün
der Hänge von Heidelberg gestrichen.
Ich geb dir die alte Brücke als Bett,
mit einer Lastexmatratze darauf.
Es riecht nach den Glyzinien
der Via Monte Tarpeo,
Marc Aurel ist wieder unser Portier.
Des Abends vergoldet die Sonne den Tiber,
dann singt uns die Nachtigall am Palatin.
Danach gehen wir in die Kammerspiele,
in die Scala oder Old Vic,
oder sehn den großen Barrault,
ob Paris ihn gerade mag oder nicht.
Du hast immer Zeit,
und es fällt dir was ein, wenn du Zeit hast.
(Die Schreibmaschine kopiert von allein,
völlig geräuschlos, versteht sich.)
Und was du schreibst,
wird im ersten Monat gedruckt
und sofort darauf rezensiert

und gefällt dir und den Andern, und das mit Recht,
denn es ist bahnbrechend, einfach und gut
und zur richtigen Stunde gesagt. –
Und für die Flauten schreibt Händel
dir neue Concerti Grossi,
weil du die alten schon kennst,
und der tote Busch dirigiert.
Dann ißt du gebratene Enten
und Frühlingssalat aus Florenz.
Wir spülen nie. Die Teller
werfen wir zum Fenster hinaus,
wie in Rom in der Neujahrsnacht.
Sei unbesorgt, sie fallen
niemand auf den Kopf,
denn unten ist keine Straße.
Deswegen ist's auch so ruhig,
und nichts stört deinen Schlaf
(und morgens bleibt dir nie
ein weißes Haar an der Bürste).
Dabei sind die Oper und das Kino
mit ausgewähltem Programm
gleich um die nächste Ecke,
und dort stehen auch die Museen.
Die frühen Kulturen sind gut vertreten,
die fernöstliche Sammlung ist exquisit,
und ein Wiener Café in der Nähe.
Dort sehen wir rasch die Zeitungen durch,
sie sind, wie immer,
empörend interessant,
nur ist alles viel weiter weg.
Wir lesen mit kopfschüttelndem Entsetzen,
wie die Schwalben vom Himmel fallen
nach den Atomexplosionen
auf einer anderen Erde.

Dann gehn wir nachhause, und du schläfst Siesta,
und für mich steht bei der Terrasse ein Baum
mit dem unentbehrlichen grünblauen Muster.
Wir arbeiten viel,
und wir lachen noch mehr,
und wir haben reizende Gäste
– wer käme nicht gern in das Haus? –
denen liest du in allen Sprachen,
am liebsten auf deutsch,
das Geschriebene vor.
Dann fahren wir zusammen zu Martha Graham
oder zum Negerballett von Port-au-Prince,
oder machen einen kurzen Mondscheinspaziergang
in den Löwenhof der Alhambra.
Der Briefträger, mein Herz, kommt pünktlich zum Frühstück,
gleich nach dem blauweißen Gruß
der kleinen Möwen über der See,
und bringt Liebesbriefe von deinem Verleger
und Angebote von Stellen, die du nicht brauchst.
Denn du hast, was du wünschst,
und du tust, was du magst.
Und du tobst nur ganz selten,
damit ich behalte, wie gut du es kannst,
und bist viel geduldiger als sonst.

Liebster, nimm deinen Hut von der Wand,
den Hut mit dem kleinen Schußloch,
und geh auf ein Wohnungsbüro, ich bitt dich,
und sieh,
was sie uns anbieten können.
Sonst stürz ich mich noch aus dem Fenster
dieses Hauses, das es nicht gibt.

Und das Fenster, glaub mir, ist hoch.

III

Schale im Ofen

Schale im Ofen,
du wirst gebrannt.
Tränenätzung,
Glasur aus Demut
über dem schüchternen
Schimmer von Lächeln.
So wirst du täglich
ein wenig versehrt,
bis Wunsch und Klage zerschmilzt
und ein Rosenblatt
oder ein Schmetterlingsflügel
fast gröbre Substanz sind.
Vergessene Schale,
auf der Hand, die dich hinhält,
faßt der Regenbogen
Fuß, so natürlich
wie der Anflug der Taube
auf Trafalgar Square.

Makabrer Wettlauf

Du sprachst vom Schiffe-Verbrennen
– da waren meine schon Asche –,
du träumtest vom Anker-Lichten
– da war ich auf hoher See –,
von Heimat im Neuen Land
– da war ich schon begraben
in der fremden Erde,
und ein Baum mit seltsamem Namen,
ein Baum wie alle Bäume,
wuchs aus mir,
wie aus allen Toten,
gleichgültig, wo.

Frage

Nach dem kleinen Zusammenstoß
– ein Druck der Lippe genügt –,
wenn ich eine Wolke werde
oder ein Schiff ohne Anker
auf deinem Meer
oder, ganz einfach,
eine andere Form
für dich,
was wird aus dir?
Und wie vermeidst du's,
am nächsten Morgen
ein wenig befangen zu sein?

Vademecum

Der Tote ist unser sicherer Verlaß.
Er sitzt in uns,
in sich gerollt
wie ein geschmeidiges Knäuel
oder ein Embryo,
oder so wie ein kleines Tier,
das man in einer Büchse
mit Luftlöchern
in seine Tasche steckt,
nur viel bequemer.
Er verdrängt keinen Raum
und kostet keine Fahrkarte
und kein Extragepäck
in den transkontinentalen Flügen.
Er ist immer da.
Er beantwortet alle Fragen
und fragt nicht.
Er sieht uns an, wenn wir hinsehn,
und dreht sich um, wenn wir wegsehn,
er verlangt nichts,
er enttäuscht nicht,
und er beklagt sich kaum,
wenn wir ihn einen Tag
oder eine Woche vergessen.
Und wenn wir einsam sind
und ihn anstrahlen,
leuchtet er Wärme zurück
wie ein Radiator aus Nickel.
Der Tote lügt nicht
und wird nicht belogen
und nimmt nicht teil

an den Kompromissen.
Er ist nicht Verkäufer
noch Ware
in den Ausverkäufen der Angst.
Bist du die Hand,
bist du der Arm,
bist du das Herz
eines andern Lebenden,
stirb schnell.
Dem Toten ist Ganzheit erlaubt.
Beeile dich ein Toter zu sein,
dem Toten
wird das Versprechen gehalten.

Erste Reihe

Friedhöfe in der Landschaft,
wie Felder bestellt mit Blumen aus Stein,
endgültige Saat.

Spielzeugstädte von Toten,
erkennbar am deutlichen Plan,
hell den Reisenden ladend
am Fenster des Flugzeugs,
der betroffen den Fallschirm betastet,
als scheid er den Vogel vom Stein
beim Fall ohne Aufschub.

Mutter, du zärtlich im Sarg
mit dem roten Halstuch,
als lägest du in einem Boot
und könntest nicht ausfahrn
aus meinem Herzen.

Vater – und der ihn ersetzt,

Ach, Ihr verlaßt uns
mit hilfloser Geste,
euere Linie
bricht.
Wer sind wir,
um in der ersten Reihe zu stehn
und standzuhalten?
Und welche Zeichen halten wir hoch
für welches Gefolge?

Eskimovogel

Oft,
wenn ich einschlafe,
fühle ich unter mir
den schwankenden Abflug
des großen Eskimovogels,
der wie ein zögerndes Flugzeug
seinen Kurs sucht.

Ich liege auf seinem Rücken
zwischen den Flügeln,
aber du,
ein vielgestaltiges Tier,
sitzt auf dem Schwanz des Vogels
und fliegst mit,
über mich gebeugt,
und mein Atem
entkommt dir nicht.

Inselmittag

Wir sind Fremde
von Insel
zu Insel.
Aber am Mittag, wenn uns das Meer
bis ins Bett steigt
und die Vergangenheit
wie Kielwasser
an unsern Fersen abläuft
und das tote Meerkraut am Strand
zu goldenen Bäumen wird,
dann hält uns kein Netz
der Erinnerung mehr,
wir gleiten
hinaus,
und die abgesteckten
Meerstraßen der Fischer
und die Tiefenkarten
gelten nicht
für uns.

Windgeschenke

Die Luft ein Archipel
von Duftinseln.
Schwaden von Lindenblüten
und sonnigem Heu,
süß vertraut,
stehen und warten auf mich
als umhüllten mich Tücher,
von lange her
aus sanftem Zuhaus
von der Mutter gewoben.

Ich bin wie im Traum
und kann den Windgeschenken
kaum glauben.
Wolken von Zärtlichkeit
fangen mich ein,
und das Glück beißt
seinen kleinen Zahn
in mein Herz.

Wen es trifft

Wen es trifft,
der wird aufgehoben
wie von einem riesigen Kran
und abgesetzt
wo nichts mehr gilt,
wo keine Straße
von Gestern nach Morgen führt.
Die Knöpfe, der Schmuck und die Farbe
werden wie mit Besen
von seinen Kleidern gekehrt.
Dann wird er entblößt
und ausgestellt.
Feindliche Hände
betasten die Hüften.
Er wird unter Druck
in Tränen gekocht
bis das Fleisch
auf den Knochen weich wird
wie in den langsamen Küchen der Zeit.
Er wird durch die feinsten
Siebe des Schmerzes gepreßt
und durch die unbarmherzigen
Tücher geseiht,
die nichts durchlassen
und auf denen das letzte Korn
Selbstgefühl
zurückbleibt.
So wird er ausgesucht
und bestraft
und muß den Staub essen
auf allen Landstraßen des Betrugs

von den Sohlen aller Enttäuschten,
und weil Herbst ist
soll sein Blut
die großen Weinreben düngen
und gegen den Frost feien.

Manchmal jedoch
wenn er Glück hat,
aber durch kein kennbares
Verdienst,
so wie er nicht ausgesetzt ist
für eine wißbare Schuld,
sondern ganz einfach weil er zur Hand war,
wird er
von der unbekannten
allmächtigen Instanz
begnadigt
solange noch Zeit ist.
Dann wird er wiederentdeckt
wie ein verlorener Kontinent
oder ein Kruzifix
nach dem Luftangriff
im verschütteten Keller.
Es ist als würde eine Weiche gestellt:
sein Nirgendwo
wird angekoppelt
an die alte Landschaft,
wie man einen Wagen
von einem toten Geleis
an einen Zug schiebt.
Unter dem regenbogenen Tor
erkennt ihn und öffnet die Arme
zu seinem Empfang
ein zärtliches Gestern

an einem bestimmbaren
Tag des Kalenders,
der dick ist mit Zukunft.

Keine Katze mit sieben Leben,
keine Eidechse und kein Seestern,
denen das verlorene Glied
nachwächst,
kein zerschnittener Wurm
ist so zäh wie der Mensch,
den man in die Sonne
von Liebe und Hoffnung legt.
Mit den Brandmalen auf seinem Körper
und den Narben der Wunden
verblaßt ihm die Angst.
Sein entlaubter
Freudenbaum
treibt neue Knospen,
selbst die Rinde des Vertrauens
wächst langsam nach.
Er gewöhnt sich an das veränderte
gepflügte Bild
in den Spiegeln,
er ölt seine Haut
und bezieht den vorwitzigen
Knochenmann
mit einer neuen Lage von Fett,
bis er für alle
nicht mehr fremd riecht.
Und ganz unmerklich,
vielleicht an einem Feiertag
oder an einem Geburtstag,
sitzt er nicht mehr
nur auf dem Rande

des gebotenen Stuhls,
als sei es zur Flucht
oder als habe das Möbel
wurmstichige Beine,
sondern er sitzt
mit den Seinen am Tisch
und ist zuhause
und beinah
sicher
und freut sich
der Geschenke
und liebt das Geliehene
mehr als einen Besitz,
und jeder Tag
ist für ihn
überraschendes Hier,
so leuchtend leicht
und klar begrenzt
wie die Spanne
zwischen den ausgebreiteten
Schwungfedern
eines gleitenden Vogels.

Die furchtbare Pause
der Prüfung
sinkt ein
wie ein Tief zwischen Inseln.
Die Schlagbäume
an allen Grenzen
werden wieder ins Helle verrückt.
Aber die Substanz
des Ich
ist so anders
wie das Metall, das aus dem Hochofen kommt.

Oder als wär er
aus dem zehnten oder zwanzigsten Stock
– der Unterschied ist gering
beim Salto mortale
ohne Netz –
auf seine Füße gefallen
mitten auf Times Square
und mit knapper Not
vor dem Wechsel des roten Lichts
den Schnauzen der Autos entkommen.
Doch eine gewisse Leichtigkeit
ist ihm
wie einem Vogel
geblieben.

               *

Du aber
der Du ihm
auf jeder Straße begegnest,
der Du mit ihm
das Brot brichst,
bücke Dich und streichle,
ohne es zu knicken,
das zarte Moos am Boden
oder ein kleines Tier,
ohne daß es zuckt
vor Deiner Hand.
Lege sie schützend
auf den Kopf eines Kinds,
lasse sie küssen
von dem zärtlichen Mund
der Geliebten,
oder halte sie

wie unter einen Kranen
unter das fließende Gold
der Nachmittagssonne,
damit sie transparent wird
und gänzlich untauglich
zu jedem Handgriff
beim Bau
von Stacheldrahthöllen,
öffentlichen
oder intimen,
und damit sie nie,
wenn die Panik
ihre schlimmen Waffen verteilt,
»Hier« ruft,
und nie
die große eiserne
Rute zu halten bekommt,
die durch die andere Form
hindurchfährt
wie durch Schaum.
Und daß sie Dir nie,
an keinem Abend,
nach Hause kommt
wie ein Jagdhund
mit einem Fasan
oder einem kleinen Hasen
als Beute seines Instinkts
und Dir die Haut
eines Du
auf den Tisch legt.

Damit,
wenn am letzten Tag
sie vor Dir

auf der Bettdecke liegt,
wie eine blasse Blume
so matt
aber nicht ganz so leicht
und nicht ganz so rein,
sondern wie eine Menschenhand,
die befleckt
und gewaschen wird
und wieder befleckt,
Du ihr dankst
und sagst
Lebe wohl,
meine Hand.
Du warst ein liebendes
Glied
zwischen mir und der Welt.

Vinalhaven, 1953

NUR EINE ROSE ALS STÜTZE

Ich setzte den Fuß in die Luft,
und sie trug.

Nur eine Rose als Stütze

Ich richte mir ein Zimmer ein in der Luft
unter den Akrobaten und Vögeln:
mein Bett auf dem Trapez des Gefühls
wie ein Nest im Wind
auf der äußersten Spitze des Zweigs.

Ich kaufe mir eine Decke aus der zartesten Wolle
der sanftgescheitelten Schafe die
im Mondlicht
wie schimmernde Wolken
über die feste Erde ziehn.

Ich schließe die Augen und hülle mich ein
in das Vlies der verläßlichen Tiere.
Ich will den Sand unter den kleinen Hufen spüren
und das Klicken des Riegels hören,
der die Stalltür am Abend schließt.

Aber ich liege in Vogelfedern, hoch ins Leere gewiegt.
Mir schwindelt. Ich schlafe nicht ein.
Meine Hand
greift nach einem Halt und findet
nur eine Rose als Stütze.

Treulose Kahnfahrt

Aber der Traum ist ein Kahn
zu dem falschen Ufer.
Du steigst ein
an dem schimmernden Holzsteg des Gestern.
Du bist eingeladen
zu einer Fahrt über rosa Wolken
unter rosa Wolken,
wolkengleich.

Ein Hauch der Luft,
du bist so leicht,
der Kahn so steuerlos,
das Wasser so spiegelglatt.
So sanft verlierst du die Richtung:
du bist noch unterwegs nach der Wiese im Licht,
wenn der Sand schon unter dem Kiel knirscht
im Schatten der Weiden.

Gegenwart

Wer auf der Schwelle seines Hauses geweint hat
wie nicht je ein fremder Bettler.
Wer die Nacht auf den Dielen
neben dem eigenen Lager verbrachte.
Wer die Toten bat
sich wegzuwenden von seiner Scham.

Dessen Sohle betritt die Straße nicht wieder,
sein Gestern und Morgen
sind durch ein Jahrhundert getrennt
und reichen sich nie mehr die Hand.
Die Rose verblüht ihm nicht.
Der Pfeil trifft ihn nie.

Doch fast erschreckt ihn der Trost
wenn sich ein sichtbarer Flügel wölbt,
sein zitterndes Licht
zu beschützen.

Das goldene Seil

Nichts ist so flüchtig
wie die Begegnung.

Wir spielen wie die Kinder,
wir laden uns ein und aus
als hätten wir ewig Zeit.
Wir scherzen mit dem Abschied,
wir sammeln noch Tränen wie Klicker
und versuchen ob die Messer schneiden.
Da wird schon der Name
gerufen.
Da ist schon die Pause
vorbei.

Wir halten
uns bange fest
an dem goldenen Seil
und widerstreben dem Aufbruch.
Aber es reißt.
Wir treiben hinaus:
hinweg aus der gleichen Stadt,
hinweg aus der gleichen Welt,
unter die gleiche,
die alles vermengende
Erde.

Bittersüßer Mandelbaum

Die Zweige müssen die Blüten verlieren,
damit die Bäume grünen:
das Rosa und das Weiß
der süßen und bitteren Mandel
mischt sich am Boden.

War das Süße ins Bittre
oder das Bittre ins Süße gepfropft?
Alle Blüten sind voller Honig,
leichte Schmetterlingswiegen,
alles Blühen ist süß.

Doch wenn erst das Laub
die doppelte Krone vereint,
unter dem blauesten Himmel,
im sanftesten Wind,
wird dann das Bittere bitter.

Die schwersten Wege

                    für R. H.

Die schwersten Wege
werden alleine gegangen,
die Enttäuschung, der Verlust,
das Opfer,
sind einsam.
Selbst der Tote der jedem Ruf antwortet
und sich keiner Bitte versagt
steht uns nicht bei
und sieht zu
ob wir es vermögen.
Die Hände der Lebenden die sich ausstrecken
ohne uns zu erreichen
sind wie die Äste der Bäume im Winter.
Alle Vögel schweigen.
Man hört nur den eigenen Schritt
und den Schritt den der Fuß
noch nicht gegangen ist aber gehen wird.
Stehenbleiben und sich Umdrehn
hilft nicht. Es muß
gegangen sein.

Nimm eine Kerze in die Hand
wie in den Katakomben,
das kleine Licht atmet kaum.
Und doch, wenn du lange gegangen bist,
bleibt das Wunder nicht aus,
weil das Wunder immer geschieht,
und weil wir ohne die Gnade
nicht leben können:
die Kerze wird hell vom freien Atem des Tags,

du bläst sie lächelnd aus
wenn du in die Sonne trittst
und unter den blühenden Gärten
die Stadt vor dir liegt,
und in deinem Hause
dir der Tisch weiß gedeckt ist.
Und die verlierbaren Lebenden
und die unverlierbaren Toten
dir das Brot brechen und den Wein reichen –
und du ihre Stimmen wieder hörst
ganz nahe
bei deinem Herzen.

Herbst

Das Haus der Vögel entlaubt sich.
Wir haben Angst vor dem Herbst.
Manche von uns
malen den Toten das Gesicht
wenn sie fortziehn.
Denn wir fürchten den Winter.

Eine alte Frau, die vor uns stand,
war unser Windschutz,
unser Julilaub,
unsere Mutter,
deren Tod
uns
entblößt.

Haus ohne Fenster

Der Schmerz sargt uns ein
in einem Haus ohne Fenster.
Die Sonne, die die Blumen öffnet,
zeigt seine Kanten
nur deutlicher.
Es ist ein Würfel aus Schweigen
in der Nacht.

Der Trost,
der keine Fenster findet und keine Türen
und hinein will,
trägt erbittert das Reisig zusammen.
Er will ein Wunder erzwingen
und zündet es an,
das Haus aus Schmerz.

Im Regen geschrieben

Wer wie die Biene wäre,
die die Sonne
auch durch den Wolkenhimmel fühlt,
die den Weg zur Blüte findet
und nie die Richtung verliert,
dem lägen die Felder in ewigem Glanz,
wie kurz er auch lebte,
er würde selten
weinen.

Banges Neujahr

Das tiefere Rot der Hyazinthe die stirbt:
die Schwermut steigt in dem Stengel,
ihr dunkler Saft
Pegel des Tods in der Dolde.

Weihnachten ist dahin,
alle Kerzen sind niedergebrannt,
Wachsflecken auf dem Tischtuch.
Das Kind, das Neue Jahr,
regt sich nicht in der Krippe.
Wir warten auf sein Lächeln,
wir warten auf seinen Schrei,
wir halten den Atem vor Angst.
Die Nacht ist so naß,
so sternenlos,
die Reiser blühn,
die Hyazinthe stirbt.
Das Wunder
– kaum ein Glänzen am Horizont –
geht in weiter Ferne vorüber.

Sämann

Der große Sämann,
ungerufen,
blies einen Atem von Blumensamen über mich hin
und streute eine Saat
von Kornblumen und rotem Mohn
in meine Weizenfelder.

Das leuchtende Unkraut,
mächtiger Sämann,
wie trenn ich es je
von den Ähren,
ohne die Felder
zu roden?

Auf Wolkenbürgschaft

für Sabka

Ich habe Heimweh nach einem Land
in dem ich niemals war,
wo alle Bäume und Blumen
mich kennen,
in das ich niemals geh,
doch wo sich die Wolken
meiner
genau erinnern,
ein Fremder, der sich
in keinem Zuhause
ausweinen kann.

Ich fahre
nach Inseln ohne Hafen,
ich werfe die Schlüssel ins Meer
gleich bei der Ausfahrt.
Ich komme nirgends an.
Mein Segel ist wie ein Spinnweb im Wind,
aber es reißt nicht.
Und jenseits des Horizonts,
wo die großen Vögel
am Ende ihres Flugs
die Schwingen in der Sonne trocknen,
liegt ein Erdteil
wo sie mich aufnehmen müssen,
ohne Paß,
auf Wolkenbürgschaft.

»Vogel Klage«

Ein Vogel ohne Füße ist die Klage,
kein Ast, keine Hand, kein Nest.

Ein Vogel der sich wundfliegt
im Engen,
ein Vogel der sich verliert
im Weiten,
ein Vogel der ertrinkt
im Meer.
Ein Vogel
der ein Vogel ist,
der ein Stein ist,
der schreit.

Ein stummer Vogel,
den niemand hört.

Neues Land

Es war leicht zu sein wie neues Land
wenn der Tag kam,
und nicht zu fragen
und die Stimme ins Blau zu schicken
wie eine Lerche.
Und wieder aufzustehn, wenn ich fiel,
ohne Narben.

Die Erde hat sich einmal zu oft gedreht.
Es hat nichts genutzt,
daß eine alte Frau
drei Gräser um meinen Fuß band,
als sei ich ein krankes Fohlen.
Ich bin aufgestanden
mit Narben.

Wenn du warten willst,
bis ich bin, wie ich war,
mußt du warten, bis ich sterbe.
Die Toten, sagt man, haben ein glattes Gesicht
und erfüllen uns jeglichen Wunsch.
Sie sind heiter
wie der Himmel im Frühling.

Und ohne zu fragen
und ohne verletzt zu sein,
sind sie immer
nur der Kern,
nie die Schale.

Geborgenheit

Morgens in der weißen
Geborgenheit einer Badewanne
ohne Wasser
denke ich an den Baumstamm
in dem ich liegen möchte,
glatt, hell, kantenlos,
als sei ich in ihm zuhause
wie eine Dryade.
Niemand wird mich in
einem Baumstamm
oder in der Wanne
begraben wollen,
auf einem Friedhof
den ich wähle,
weil ihn die Abendsonne trifft,
aber zu dessen Sprengel
ich, die Weggezogene,
die nirgends Eingetragene,
in keiner Kirche, in keiner Stadt,
der die Briefe von Land zu Land
nachgeschickt werden,
nicht
gehöre.

Buchen im Frühling

Wir gehen zu zweit hinein
zu den Buchen im Frühling.
So silbern, so glatt, so dicht beieinander
die Stämme.
Das helle Laub wie Wolken am Himmel.
Du siehst hinauf und dir schwindelt.
Du entfernst dich ein wenig:
drei oder vier Bäume
zwischen uns.
Du verlierst dich
als sei ein Urteil gesprochen.
So nah, so getrennt.
Wir werden uns nie wieder
finden.

Rufe nicht

Lege den Finger auf den Mund.
Rufe nicht.
Bleibe stehen
am Wegrand.
Vielleicht solltest du dich hinlegen
in den Staub.
Dann siehst du in den Himmel
und bist eins mit der Straße,
und wer sich umdreht nach dir
kann gehen als lasse er niemand zurück.
Es geht sich leichter fort,
wenn du liegst als wenn du stehst,
wenn du schweigst als wenn du rufst.
Sieh die Wolken ziehn.
Sei bescheiden, halte nichts fest.
Sie lösen sich auf.
Auch du bist sehr leicht.
Auch du wirst nicht dauern.
Es lohnt sich nicht Angst zu haben
vor Verlassenheit,
wenn schon der Wind steigt
der die Wolke
verweht.

Willkürliche Chronologie

Die Totenmaske jedes Tages
den du gelebt,
so ungleich geprägt
der Abdruck des Herzens.

Blicklose Tage
wie die Blinden
in den Straßen Sevillas.
Ketten von Blinden
an einem Stab.
Umsonst die Segel auf den Balkonen
und auf den Dächern,
der Ruf zur Fahrt,
das helle Blau.
Wenn die Blinden kommen
eingesammelt an ihrem Stab,
nichts als Blinde
von einer Straßenseite zur andern.
Arme Blinde in Bastschuhn
wenn Abend wird,
und ein Kind genügt
für eine Schnur von Männern.

Tage wie Segel so hell,
so weiß in blau,
Leintücher für ein Bett
für einen oder zwei,
tanzend über den Häusern.
Das Haus,
die Straße,
der Tag,

alles fährt,
so leicht,
so fremd, so vertraut,
so wach im Atem der Luft.
Ein Bettuch als Segel genügt
für jedes Schiff.

Tage
wie ein Hausflur so dunkel
wenn du hingefallen bist und es
sehr weh tut
und du sehr klein bist
und alle Klinken zu hoch
und keine Türe sich öffnet,
und niemand
dich bei der Hand nimmt.

Tage so blicklos und zögernd,
so schnell, so blau, so weiß,
so bitter wie die Orangen
an den Orangenbäumen Sevillas,
für die der Zucker
auf fernen Inseln wächst.

Mit meinem Schatten

Ich gehe mit meinem Schatten,
nur von dem Schatten begleitet,
alleine mit ihm,
über graslose Wiesen.

Ich immer blässer,
er immer länger.
Er führt mich,
ich lasse mich führen.

Die kahlen Birken am Weg,
glatte weiße Finger,
kennen das Ziel
besser als ich.

Es kommen keine nach uns

Es kommen keine nach uns,
die es erzählen werden,
keine, die was wir
ungetan ließen
in die Hand nehmen und zu Ende tun.

Wir stehen auf einem Stück Land,
das schon abgetrennt ist.
Unsere Schatten fallen
ins Leere.
Kein Spiegel ist aufgestellt,
der unser Bild bewahrt,
keine Folge von Spiegeln mehr,
wenn wir gegangen sind.
Die Bilder
derer, die vor uns waren
und die Luft in unserer Lunge sind,
die mit unserem Munde gelacht,
die mit unseren Augen geweint haben,
sie werden Staub
mit uns.

So wie wir dahingehn
sind wenige dahingegangen.
Es ist gleichgültig
was wir schreiben oder sagen,
außer für dich oder für mich.
Nichts was wir tun
ist eine Saat die nach uns aufgeht.
Wir sind ganz für den Tag gemacht,
nur für diesen, den unsern.

Die kommenden Tage,
die Tage hinter dem Horizont,
gehören Menschen die anders sein werden.
Unser Frühling ist dieser Frühling,
unser Sommer ist dieser Sommer,
und unser Herbst dieser Herbst.

Wenn wir uns umdrehn
und sehen, daß wir die Letzten sind,
die Kinder und Kindeskinder derer die waren,
die Väter und Mütter
von niemand,
daß wir am Rande stehn,
auf einer Scholle fast,
die bald treiben wird,

Dann müssen wir
mehr als die andern
den Boden unter den Füßen fühlen
während wir gehen,
diesen kurzen Boden
von Morgen zu Abend.
Wir müssen dünne Sohlen tragen
oder barfuß gehen.
Was wir berühren,
mit leichtem Finger berühren,
mit wachen Fingerspitzen.
Nichts achtlos.
Jedes Mal ist das letzte
oder könnte es sein.
Wir tun es für alle, die vor uns waren,
und für alle, die nach uns
es nicht tun
oder ganz anders.

Wir wollen nichts liegen lassen,
halbgetan,
und die Gläser nicht halbgeleert
auf unserm Tisch den Gespenstern lassen.
Wir müssen genau sein
in der Minute des Flügelschlags.
Unser Gesicht nackt
ohne den Firnis
derer, die Zeit haben
sich zu gewöhnen und zu entwöhnen.
Wenn um unsre Balkone das Wasser steigt,
die Spitzen der Bäume
noch sichtbar unter den Sternen,
wenn unsre Häuser auf den Bergen,
in denen noch Licht ist,
sich bewegen
und davonfahrn
als seien es Archen,
dann müssen wir bereit sein
– wie einer der aus dem Fenster springt –
die große Frage zu fragen
und die große Antwort zu hören.

Unterricht

Jeder der geht
belehrt uns ein wenig
über uns selber.
Kostbarster Unterricht
an den Sterbebetten.
Alle Spiegel so klar
wie ein See nach großem Regen,
ehe der dunstige Tag
die Bilder wieder verwischt.

Nur einmal sterben sie für uns,
nie wieder.
Was wüßten wir je
ohne sie?
Ohne die sicheren Waagen
auf die wir gelegt sind
wenn wir verlassen werden.
Diese Waagen ohne die nichts
sein Gewicht hat.

Wir, deren Worte sich verfehlen,
wir vergessen es.
Und sie?
Sie können die Lehre
nicht wiederholen.

Dein Tod oder meiner
der nächste Unterricht:
so hell, so deutlich,
daß es gleich dunkel wird.

Noch gestern

Dies Frühjahr ist wie ein Herbst,
ein Abschiednehmen
von allem was kommt.
Das Karussell
fährt vorbei.
Das Karussell mit den großen Tieren.
Nie wieder
wirst du mitfahrn
und warst doch noch gestern
eins von den Kindern die mitfahren müssen.
Du wirst die Geste noch machen,
fast alle machen ja nichts als die Geste,
Leben heißt höflich sein,
kein Spielverderber.
Du ißt das Eis, das man dir in die Hand gibt,
du lächelst, weil alle lächeln,
fast alle machen die Geste der Freude
für die andern.
Gestern hast du gelacht,
weil du gelacht hast.
Du mußt es weiter tun,
du darfst niemand enttäuschen.
Viele Tage werden auch blau sein,
es gibt immer
blaue Tage
wo Lachen leichter ist,
beinah wie früher –
beinah.

Keiner außer dir kennt die kleine Linie,
den Strich auf dem Boden,

den riesigen Strom,
den du nie mehr
überquerst.

Möwe zu dritt

Diese drei Möwen:
die in der Luft
Brust an Brust
mit der Wassermöwe,
weiß und silber,
silber und weiß,
und die Schattenmöwe,
grau,
immer grau,
ihnen folgend.
Solange Sonne ist
und Fluß
sanft dahinfließt
unter dem Wind.

Winterbienen

Die Berge zwischen uns,
so sehr viel Luft
zwischen mir und niemand.
Ich bin allein
in sehr viel Luft.
Blaßblumige Wiesen,
Milchstraßen
von Krokus und Primeln,
Frühling.
Die Vögel reisen nach Norden
zu den alten Nestern.
Die Bienen sterben
auf den ersten Blumen,
die Winterbienen.

Ich gehe über die blassen Wiesen ins Tal,
wo die Dörfler einander hassen,
und werfe Briefe ein
für Menschen in Städten.
Ich könnte nicht reisen,
nicht mit den Vögeln,
zu den alten Nestern.
Nicht nach Süden
und nicht nach Norden.
Wenn ich ein Vogel wär,
ich flöge zu niemand.
Ich sehe die blassen Blumen an,
die Blätter vom vorigen Herbst,
und die Winterbienen.

INHALT

AUFBRUCH OHNE GEWICHT

I

San Rafael de la Sierra, 1956

Ziehende Landschaft 9

München, 1955

Apfelbaum und Olive 10

San Rafael de la Sierra, 1956

Herbstzeitlosen 13
Gleichgewicht 14
Rückzug 15

II

La Verdad, Costa del Sol. 1957

Wo steht unser Mandelbaum 19
Aufbruch ohne Gewicht 20
Bau mir ein Haus 21
Wie wenig nütze ich bin 23
Vorsichtige Hoffnung 24
Abschied aus Andalusien 26
Die Heiligen 28
Ich lade dich ein 32

III

St. Domingo-Kenskoff, Haiti – New York;
Vinalhaven Me. 1951/53

Schale im Ofen 37
Makabrer Wettlauf 38
Frage 39
Vademecum 40
Erste Reihe 42

Eskimovogel	43
Inselmittag	44
Windgeschenke	45

Vinalhaven, Oktober 1955

Wen es trifft	46

NUR EINE ROSE ALS STÜTZE

Frankfurt – Astano (Tessin), 1957/59

Nur eine Rose als Stütze	55
Treulose Kahnfahrt	56
Gegenwart	57
Das goldene Seil	58
Bittersüßer Mandelbaum	59
Die schwersten Wege	60
Herbst	62
Haus ohne Fenster	63
Im Regen geschrieben	64
Banges Neujahr	65
Sämann	66
Auf Wolkenbürgschaft	67
»Vogel Klage«	68
Neues Land	69
Geborgenheit	70
Buchen im Frühling	71
Rufe nicht	72
Willkürliche Chronologie	73
Mit meinem Schatten	75
Es kommen keine nach uns	76
Unterricht	79
Noch gestern	80
Möwe zu dritt	82
Winterbienen	83

Hilde Domin
im
S. Fischer Verlag
und
Fischer Taschenbuch Verlag

Hilde Domin im S. Fischer Verlag

Lyrik

»Federnde Präzision und maskenabreißender Wille
zum Lied für eine bessere Welt.«
Robert Minder

Nur eine Rose als Stütze

Rückkehr der Schiffe

Hier

Ich will dich

**Gesammelte Gedichte
1952–1987**

Der Baum blüht trotzdem

Sämtliche Gedichte

Hilde Domin im S. Fischer Verlag

Prosa

Gesammelte autobiographische Schriften
Fast ein Lebenslauf

Gesammelte Essays
Heimat in der Sprache

Zu ihrem 80. Geburtstag
hat Hilde Domin ihre autobiographischen Schriften und
ihre Essays neu zusammengestellt und gegenüber
früheren Ausgaben erheblich erweitert.
Diese beiden Bände bieten
einen vollständigen Blick auf Leben und Denken
einer Autorin, die eine engagierte Zeugin
dieses Jahrhunderts ist.

Die Liebe im Exil
Briefe an Erwin Walter Palm
aus den Jahren 1931-1959

Hilde Domin im Fischer Taschenbuch Verlag

Lyrik

Nur eine Rose als Stütze
Band 12207

Rückkehr der Schiffe
Band 12208

Hier
Band 12206

Ich will dich
Band 12209

»Am ehesten überlebt, was Nachkommen
und Geschlechtern die Vergangenheit fast handgreiflich
nahebringt. Ich denke, daß unsere Urenkel in Hilde Domins
Werken die Botschaft einer wunderbar schöpferischen und
abscheulich zerstörerischen Epoche finden werden,
in der man es oft nötig hatte, nach einem Halt zu suchen
und ›eine Rose als Stütze‹ zu wählen.«
Manès Sperber

Hilde Domin im Fischer Taschenbuch Verlag

Prosa

Von der Natur nicht vorgesehen
Autobiographisches
4. Aufl., 21. Tsd. 1988. Serie Piper
Neuausgabe. 9.–10. Tsd. 2005. Fischer Taschenbuch Verlag
Band 12203

»Ein außergewöhnliches Opus,
so aufrichtig wie aufschlußreich.«
Marcel Reich-Ranicki

Gesammelte Autobiographische Schriften
Fast ein Lebenslauf
6.–8. Tsd. 2005. Fischer Taschenbuch Verlag
Band 14071

Aber die Hoffnung
Autobiographisches aus und über Deutschland
5. Aufl., 15. Tsd. 1987. Serie Piper
Neuausgabe. 7.–9. Tsd. 2004. Fischer Taschenbuch Verlag
Band 12202

»Dies Buch ist ein überzeugender Beitrag
zum Widerstand: Gegen die Gewöhnung an Leid
und Unrecht.«
ORF

Hilde Domin im Fischer Taschenbuch Verlag

Prosa

Das zweite Paradies
Roman in Segmenten
Originalausgabe. 8. Tsd. 1986. Piper Verlag
Neuausgabe. 9. – 11. Tsd. 2004. Fischer Taschenbuch Verlag
Band 12201

»Hilde Domins *Das zweite Paradies*
ist für mich eines der wenigen Bücher, in dem
die Verknüpfung der Themen Liebe und
Heimat überzeugend gelingt.«
Uwe Prell, L'80 – 1986

Wozu Lyrik heute
Dichtung und Leser in der gesteuerten Gesellschaft
5. Aufl., 20. Tsd. 1988. Serie Piper
Neuausgabe. 6. – 7. Tsd. 2005. Fischer Taschenbuch Verlag
Band 12204

»Gewichtige Argumente, mit denen man
all jenen begegnen kann, die dafür plädieren,
der Kunst den Abschied zu geben.«
WDR

Das Gedicht als Augenblick von Freiheit
Frankfurter Poetik-Vorlesungen 1987 / 88
Serie Piper
Neuausgabe. 8. – 9. Tsd. 2005
Fischer Taschenbuch Verlag
Band 12205

Hilde Domin im Fischer Taschenbuch Verlag

Editionen

Doppelinterpretationen
Das zeitgenössische Gedicht
zwischen Autor und Leser
1966, 80. – 81. Tsd. 2005
Band 1060

Nachkrieg und Unfrieden
Gedichte als Index 1945 – 1995
Erweiterte Neuausgabe 1995
Band 12526
Hrsg. von Hilde Domin und Clemens Greve
Nachwort von Hilde Domin:
Das politische Gedicht und die Öffentlichkeit
5. – 6. Tsd. 1998

»Hilde Domin hat ein unfehlbares Flair,
wieweit Sprache – deutsche Sprache – heute trägt.«
Joachim Günther

Materialien zu Hilde Domin

Vokabular der Erinnerungen
Zum Werk von Hilde Domin
Hrsg. von Bettina von Wangenheim
Aktualisierte Neuausgabe 1998
von Ilseluise Metz
Band 13479
4. – 5. Tsd. 2004